Oh la la!

Plätzchen

CupCakes

Jeder kann backen!

...und dekorieren!

Christine Bergmayer · Katharina Kollmeier

Inhaltsverzeichnis

Torten

Tricks & Kniffe

Aller Anfang ist...

...einfach!

Herzlich Willkommen in der Welt der Konditoren und Patissiers!

Dieses Buch zeigt Ihnen, wie Sie mit den richtigen Handgriffen ganz einfach süße Kunstwerke entstehen lassen. Sie werden überrascht sein, wie einfach zauberhaft dekorierte Plätzchen, wunderschön kreierte CupCakes und kunstvoll gestaltete Torten gelingen.

Dafür haben wir für Sie köstliche Rezepte mit raffinierten Deko-Beispielen sowie die besten Tricks und Kniffe gesammelt. Anhand vieler Bilder zeigen wir Ihnen leicht verständlich, wie Sie Schritt für Schritt vorgehen. Zudem erfahren Sie, mit welchem Handwerkzeug Sie die besten Ergebnisse erzielen: Beispielsweise sollte Fondant immer auf einer Antihaftmatte mit einem speziellen Fondant-Ausrollstab ausgerollt werden. Auch weitere praktische Helfer wie Winkelpaletten, Ausstechformen, Spritzbeutel, Schablonen oder Prägematten machen die süße Kunst kinderleicht.

Am besten, Sie probieren es aus. Wenn Sie zunächst etwas Erfahrung sammeln wollen, beginnen Sie einfach mit dem Dekorieren prächtiger Plätzchen. Sie werden feststellen, dass es von dort bis zu bestechenden CupCakes und fantastischen Torten nicht weit ist. Unsere Rezepte und Dekorationsideen können Sie natürlich untereinander tauschen und ganz nach Ihren Ideen erweitern.

Lassen Sie sich inspirieren und eröffnen Sie sich eine Welt schier unerschöpflicher Möglichkeiten, um Ihre süßen Ideen Wirklichkeit werden zu lassen.

Wir wünschen Ihnen dabei viel Freude!

Übrigens: Die in den Rezepten angegebenen Zeiten beziehen sich nur auf das Zubereiten, Backen und Dekorieren. Zeiten, die zum Auskühlen oder Trocknen benötigt werden, sind nicht eingerechnet.

Sumatra

Plätzchen

Zutaten

Für 15 große und
15 kleine Plätzchen

Für den Mürbeteig:

200 g kalte Butter

100 g Puderzucker

1 Päckchen Vanillezucker

1 Prise Salz

abgeriebene Schale von 1/2 Bio-Zitrone

1 Eigelb (Größe M)

300 g Mehl

etwas Mehl zum Ausrollen

Zubehör:

Plätzchen-Stempel Kleeblatt & Glückskeks

Ausstechform Kreis (Ø 5 cm und Ø 8 cm)

Lochtülle (Ø 5 mm)

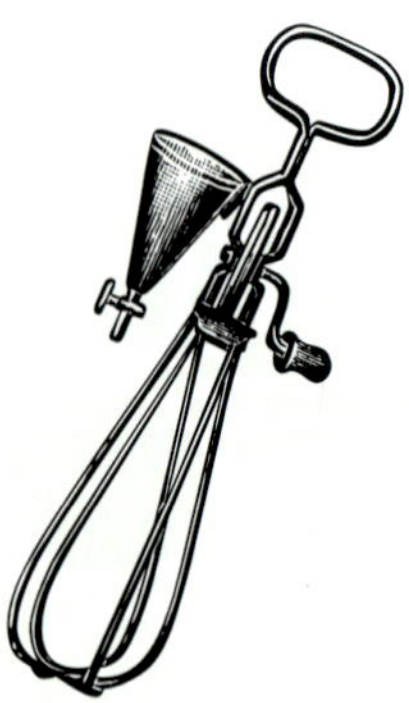

Butterzarte Glückskekse

1 Kalte Butter in dünne Scheiben schneiden und in eine Schüssel geben. Puderzucker, Vanillezucker, Salz, abgeriebene Zitronenschale und Eigelb zugeben und mit den Knethaken des Handrührgerätes vermengen. Mehl hinzufügen und mit den Händen zügig zu einem glatten Teig verkneten. Diesen zu einer Kugel formen, in Klarsichtfolie einschlagen und ca. 2–3 Stunden kalt stellen.

2 Mürbeteig nochmals kurz durchkneten und auf einer leicht bemehlten Arbeitsfläche ca. 5 mm dünn ausrollen (gelingt auf einer Back- und Ausrollmatte mithilfe von Teigstäben besonders gut). Die Stempel leicht mit Mehl bestäuben und in den Teig drücken. Plätzchen jeweils mit einem passenden runden Ausstecher ausstechen und auf ein mit Backpapier ausgelegtes Backblech setzen. Nach Bedarf mit einer Lochtülle Löcher für ein Bändchen ausstechen.

3 Die Plätzchen im vorgeheizten Backofen (Umluft 160 °C/Ober- und Unterhitze 180 °C; mittlere Schiene) ca. 10–12 Minuten zartbraun backen. Plätzchen auf einem Auskühlgitter abkühlen lassen. Nach Wunsch ein dekoratives Band durch das Loch ziehen.

Die Glückskekse halten sich in Dosen kühl und trocken gelagert etwa 3 Wochen.

Dazu passt

Schoko-Kirsch-Aufstrich

Ein kleines Glas Sauerkirschen (Inhalt 370 g) zusammen mit dem Saft in einen Topf geben. Mit 120 g Gelierzucker 2:1 vermischen, aufkochen und 2 Minuten kochen lassen. 150 g Zartbitterkuvertüre (mind. 64 % Kakao) fein hacken und unter die heißen Kirschen rühren. Den Schoko-Kirsch-Aufstrich noch heiß in sauber ausgespülte Gläser füllen und diese verschließen.

Gekühlt hält sich der Aufstrich ca. 2 Wochen.

Schoko-
Kirsch

Tipps, damit es schmeckt wie bei Oma

Zum Ausrollen die Arbeitsfläche wirklich nur dünn mit Mehl bestäuben. Wird zu viel Mehl in den Teig hineingearbeitet, wird er trocken und bröselig.

Der Mürbeteig sollte während des Verarbeitens immer wieder auf der Arbeitsfläche hin und her geschoben werden, außerdem darf er nicht zu warm werden, weil er sonst klebt. Deshalb am besten portionsweise ausrollen und bei Bedarf zwischendurch noch einmal kurz kühlen.

Mürbeteig lässt sich gut vorbereiten. Er hält sich, fest in Folie verpackt, im Kühlschrank ca. 5 Tage oder eingefroren bis zu 3 Monate. Dafür den Teig in 3 cm dicke Scheiben schneiden und in einen Gefrierbeutel geben.
So kann man jederzeit frische Plätzchen backen.

Glücks keks

Die leicht bemehlten Stempel in den Teig drücken, so dass das Motiv gut erkennbar wird. Dann mit einem passenden runden Ausstecher die Plätzchen ausstechen.

Um später ein Band durch das fertige Plätzchen ziehen zu können, kann man mit einer Lochtülle vor dem Backen Löcher ausstechen. Auch die Tülle vorher in etwas Mehl tauchen, damit nichts kleben bleibt.

Tipp

Die Plätzchen schmecken mit dem Kirsch-Schokoladen-Aufstrich ganz wunderbar. Beschriften Sie das Glas mit einem hübschen Etikett und verzieren Sie es mit einem dekorativen Band, so werden Plätzchen und Aufstrich zusammen zu einem besonders netten Mitbringsel.

Zutaten

2 h

Für 45 Herzen oder 25 Silhouetten-Plätzchen

Für den Mürbeteig:

25 g Mohn
1 kleine Bio-Limette
200 g kalte Butter
100 g Zucker
1 Prise Salz
1 Eigelb (Größe M)
300 g Mehl
etwas Mehl zum Ausrollen

Für das Icing:

200 g Icing-Pulver
Lebensmittelfarbpulver Lila

Zubehör:

Ausstecher Herz (Ø 6,5 cm)
Ausstecher Silhouette
Spritzbeutel mit feiner Lochtülle oder Deko-Füller

Elegante Mohn-Limetten-Plätzchen

1 Mohn im Mörser etwas zerstoßen. Limette waschen, abtrocknen und die Schale fein abreiben. Kalte Butter in dünne Scheiben schneiden und in eine Schüssel geben. Abgeriebene Limettenschale, Mohn, Zucker, Salz und Eigelb zugeben und mit den Knethaken des Handrührgerätes vermengen. Mehl hinzufügen und mit den Händen zügig zu einem glatten Teig verkneten. Diesen zu einer Kugel formen und in Klarsichtfolie gewickelt ca. 2–3 Stunden kalt stellen.

2 Mürbeteig nochmals kurz durchkneten und auf einer leicht bemehlten Arbeitsfläche ca. 3 mm dünn ausrollen (gelingt auf einer Back- und Ausrollmatte mithilfe von Teigstäben besonders gut). Plätzchen ausstechen und auf ein mit Backpapier ausgelegtes Backblech setzen.

3 Die Plätzchen im vorgeheizten Backofen (Umluft 160 °C/Ober- und Unterhitze 180 °C; mittlere Schiene) ca. 10–12 Minuten zartbraun backen. Plätzchen auf einem Auskühlgitter vollständig abkühlen lassen.

4 Für beispielsweise lila Herzen mit weißen Tupfen, Icing nach Packungsangabe (mit fester Konsistenz – zur Verarbeitung von Icing siehe auch S. 78) zubereiten und ca. 150 g davon mit lila Lebensmittelfarbpulver einfärben. In einen Spritzbeutel mit feiner Lochtülle (oder Deko-Füller) füllen und die Konturen der Plätzchen nachzeichnen. Etwas antrocknen lassen.

5 Restliches lila Icing mit etwas Wasser dünnflüssiger rühren und damit die Flächen ausfüllen. Für die weißen Punkte in den Herzen das übrige ungefärbte Icing mit Wasser halbfest rühren, in einen Spritzbeutel oder Deko-Füller füllen und in das noch flüssige lila Icing weiße Tupfen spritzen. Das Icing ca. 6–8 Stunden bei Zimmertemperatur gut trocknen lassen.

Kühl und luftdicht in Dosen verpackt halten sich die Plätzchen etwa 3–4 Wochen.

Sophie

Der Ausstecher sollte zum Ausstechen immer fettfrei, trocken und mit etwas Mehl bestäubt sein, damit sich der Teig gut davon löst. Bei filigranen Ausstechern kann man einen unbenutzten Malpinsel aus dem Bastelladen zur Hilfe nehmen, um das Plätzchen vorsichtig aus dem Ausstecher zu drücken.

Wichtig beim Verzieren ist die Konsistenz des Icings. Für die Konturen sollte es so fest sein, dass es nicht breit verläuft. Ist es zu dünn, können Sie teelöffelweise noch etwas Icing-Pulver hinzufügen. Für die filigranen Punkte darf es etwas weicher sein – geben Sie einfach ein paar Tropfen Wasser dazu –, so dass sie schön rund aufzutragen sind (siehe auch S. 78).

Das Icing sollte während des Arbeitens immer luftdicht mit einer Klarsichtfolie abgedeckt werden, damit es nicht austrocknet. Gekühlt und in luftdicht schließende Kunststoffdosen verpackt kann man es gut bis zu 5 Tage aufbewahren.

Zum flächigen Füllen wird das Icing mit ein wenig Wasser flüssiger gerührt. Es hat die richtige Konsistenz, wenn es in der Schale zu einer glatten Oberfläche verläuft. Kleine Flächen füllen Sie mit einem Spritzbeutel oder einem Deko-Füller aus, für größere können Sie einfach einen Teelöffel nehmen. Verwenden Sie nicht zu viel Icing, die Füllung wird so vom bereits aufgespritzten Zuckergussrand auf dem Plätzchen gehalten.

Für beispielsweise weiße Punkte in den Herzen rühren Sie das ungefärbte Icing mit Wasser etwas weicher. Das weiße Icing füllen Sie in einen Spritzbeutel mit feiner Lochtülle oder in einen Deko-Füller und spritzen damit weiße Tupfen in das noch flüssige lila Icing. Man kann die Tupfen auch auf die Herzen geben, sobald das lila Icing nach ca. 4 Stunden fest ist, dann erscheinen die Tupfen etwas erhaben.

Kaffee-Nougat-Türmchen

Zutaten

Für ca. 30 Plätzchen

Für den Mürbeteig:

200 g Butter

100 g Zucker

1 Prise Salz

1 Ei (Größe M)

300 g Dinkelmehl

1 EL frisch gemahlener Kaffee

etwas Mehl zum Ausrollen

Für die Füllung:

150 g Nougat

25 ml heißer Kaffee

Für die Dekoration:

3 EL rote Nonpareilles

große weiße Zuckerperlen

100 g Rollfondant (Rot oder Weiß)

evtl. Geburtstagskerzen

Zubehör:

Ausstechformen-Set Quadrate, gerippt

Ausstechformen-Set Dreieck, gerippt

Ausstechformen-Set *Lilie*

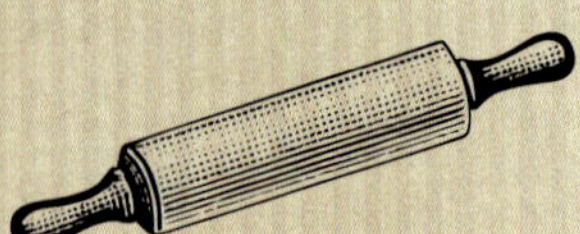

1 Butter in Flöckchen, Zucker, Salz und Ei in eine Schüssel geben und mit den Knethaken des Handrührgerätes vermengen. Dinkelmehl und gemahlenen Kaffee zugeben und mit den Händen zügig zu einem glatten Teig verkneten. Mürbeteig zu einer Kugel formen und in Klarsichtfolie eingeschlagen ca. 2–3 Stunden kalt stellen.

2 Mürbeteig kurz durchkneten und auf einer leicht bemehlten Arbeitsfläche ca. 3 mm dünn ausrollen (gelingt auf einer Back- und Ausrollmatte mithilfe von Teigstäben besonders gut). Plätzchen in drei Größen ausstechen und auf mit Backpapier ausgelegte Backbleche setzen.

3 Im vorgeheizten Backofen (Umluft 160 °C/Ober- und Unterhitze 180 °C; mittlere Schiene) ca. 8–10 Minuten zartbraun backen. Plätzchen auf einem Auskühlgitter vollständig abkühlen lassen.

4 Nougat in kleine Würfel (ca. 5 × 5 mm) schneiden und in eine kleine Schale geben. Mit heißem Kaffee übergießen und glatt rühren. Die Nougatcreme etwas fest werden lassen. Je drei Plätzchen mit Hilfe der Creme terrassenartig übereinandersetzen, anschließend die zusammengesetzten Plätzchen mit Nonpareilles bestreuen.

5 Fondant dünn ausrollen und Blüten ausstechen. Die kleinere Blüte mit etwas Wasser in die größere Blüte setzen und mit etwas Nougatcreme auf die Plätzchen kleben. In die Blütenmitte eine Zuckerperle oder Kerze drücken.

Kühl und luftdicht gelagert halten sich die Plätzchen 2–3 Wochen.

HOCHSTAPLER

Das mittelgroße Plätzchen auf der Rückseite mit etwas Kaffee-Nougat-Creme bestreichen, auf das große Plätzchen setzen und leicht festdrücken. Dann etwas Füllung auf das kleine Plätzchen geben und dieses auf das mittlere setzen. Verwenden Sie nicht zu viel Füllung, damit diese beim Zusammendrücken nicht zu stark zwischen den Plätzchenschichten hervorquillt oder gar ausläuft.

Den Fondant ca. 1 mm dünn ausrollen und Blüten in zwei verschiedenen Größen ausstechen. Jeweils eine kleine Blüte auf eine große Blüte setzen und etwas andrücken. Werden die Blüten gleich nach dem Ausstechen verarbeitet, haften sie gut. Falls der Fondant schon etwas trocken geworden ist, die Unterseite der kleineren Blüte mit nur sehr wenig Wasser bepinseln und in die große Blüte drücken. In die fertigen Blüten jeweils eine kleine Kerze oder Zuckerperle setzen.

Statt der Kaffee-Nougat-Masse kann man auch fertige Nussnougatcreme oder Pflaumenmus zum Füllen der Plätzchen verwenden.

↑

Tipp für echte Hochstapler

Tipp: Aus Plätzchenteig mit runden Ausstechformen ausgestochen und etwas höher gestapelt lassen sich kleine Hochzeitstorten stapeln und auf den einzelnen Stockwerken mit Minizuckerblümchen dekorieren.

Klappt natürlich auch mit den anderen Plätzchenteigen!

Kekse Kekse Kekse

Herzige Krokant-Bonbons

Zutaten

Für ca. 40 Plätzchen

Für den Mürbeteig:
160 g Zucker
150 g gemahlene Haselnüsse
200 g Butter
1 Prise Salz
1 Ei (Größe M)
225 g Mehl
etwas Mehl zum Ausrollen

Für die Dekoration:
50 g Puderzucker
1 EL Wasser oder Amaretto
500 g Rollfondant
(in verschiedenen Farben)

Zubehör:
Ausstechform Bonbon
Prägematte *Lovely Hearts*

1 Für den Krokant 120 g Zucker in einer Pfanne zartbraun schmelzen. Haselnüsse hinzufügen und dabei ständig rühren. Die Masse auf ein Backpapier geben, zu einer Platte verstreichen und vollständig auskühlen lassen. Den abgekühlten Krokant in einen Gefrierbeutel geben und mit einem Ausrollholz fein zerbröseln.

2 Butter in Stücken, restlichen Zucker, Salz und Ei in eine Schüssel geben und mit den Knethaken des Handrührgerätes vermengen. Mehl und den zerkleinerten Krokant hinzufügen und mit den Händen zügig zu einem glatten Teig verkneten. Diesen zu einer Kugel formen und in Klarsichtfolie eingeschlagen ca. 2–3 Stunden kalt stellen.

3 Mürbeteig kurz durchkneten und auf einer leicht bemehlten Arbeitsfläche ca. 3 mm dünn ausrollen (gelingt auf einer Back- und Ausrollmatte mithilfe von Teigstäben besonders gut). Einen Teil des Teiges mit etwas Mehl bestäuben. Plätzchen mit dem Bonbon-Ausstecher ausstechen und auf mit Backpapier ausgelegte Backbleche setzen. Auf die andere Teighälfte die Prägematte legen und mit einem Ausrollstab das Herzmuster in den Teig drücken. Bonbons ausstechen und ebenfalls auf die Backbleche setzen.

4 Die Plätzchen im vorgeheizten Backofen (Umluft 160 °C/Ober- und Unterhitze 180 °C; mittlere Schiene) ca. 8–10 Minuten zartbraun backen. Plätzchen auf einem Auskühlgitter vollständig abkühlen lassen.

5 Puderzucker mit 1 EL Wasser oder Amaretto zu einer dünnen Glasur verrühren. Den Fondant – je nach Farbwunsch – weich kneten und portionsweise dünn ausrollen (ohne Mehl). Das Herzmuster der Prägematte in den Fondant drücken. Bonbonformen ausstechen und dünn mit Puderzuckerglasur bestreichen.
Die bunten Fondant-Bonbons jeweils auf die Plätzchen legen, etwas andrücken und ca. 6–8 Stunden bei Zimmertemperatur trocknen lassen.

Gekühlt und luftdicht in Dosen aufbewahrt bleiben die Krokant-Bonbons bis zu 3–4 Wochen knusprig lecker.

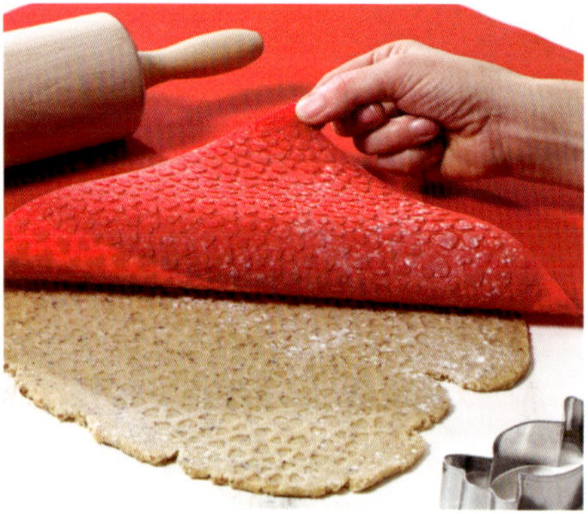

Zum Prägen des Teiges den ausgerollten Teig mit etwas Mehl bestäuben, die Prägematte auf den Teig legen und mit einem Ausrollholz einmal mit leichtem Druck über die Matte rollen. Dann die Matte vorsichtig wieder abziehen.

Aus dem geprägten Teig die Bonbon-Formen ausstechen. Die Plätzchen auf ein mit Backpapier ausgelegtes Backblech setzen und ca. 30 Minuten an einem kühlen Platz ruhen lassen. So verläuft das Muster beim Backen weniger.

Zum Prägen des Fondants diesen ca. 2 mm dünn ausrollen. Dann das Fondantstück auf die Prägematte legen (ohne Mehl) und einmal mit etwas Druck mit dem Ausrollstab über den Fondant rollen. Vorsichtig von der Matte abziehen und Bonbons ausstechen.

Tipp

Noch herziger werden die Krokant-Bonbons, wenn Sie die übrige Glasur mit etwas Puderzucker fester rühren und mit Lebensmittelfarbpulver einfärben. Die Glasur in einen Spritzbeutel oder Deko-Füller geben und einzelne der geprägten Herzchen vorsichtig mit Glasur ausfüllen.

Plätzchen eignen sich gut als liebevolles Geschenk ...

... dazu verpackt man sie am besten hübsch in einer besonderen Schachtel oder einem Tütchen mit Anhänger.

Zutaten

1h

Für 9–11 Häuser

Für den Lebkuchenteig:
1 Bio-Orange
80 ml Wasser
80 g Zuckerrübensirup
80 g Honig
180 g brauner Zucker
250 g kalte Butter
15 g gemahlener, getrockneter Ingwer
10 g gemahlener Zimt
1 TL Natron
1 Prise Salz
600 g Mehl

Dekoration:
200 g Icing-Pulver

Zubehör:
Schablonen-Set für Gebäck *Winterdorf*

LEBKUCHEN-HÄUSER

1 Orange heiß waschen, trockentupfen und die Schale fein abreiben. Wasser, Zuckerrübensirup, Honig und braunen Zucker in einen Topf geben, aufkochen und vom Herd nehmen. Die Butter würfeln und mit einem Schneebesen unter die heiße Zuckermasse rühren. Wenn die Butter geschmolzen ist, Orangenschale, Ingwer, Zimt, Natron und Salz unterrühren und die Masse auf Raumtemperatur auskühlen lassen.

2 Mehl unter die kalte Zucker-Butter-Masse kneten, den Teig zu einer Kugel formen, in Klarsichtfolie wickeln und ca. 4 Stunden (oder über Nacht) in den Kühlschrank stellen.

3 Den gekühlten Teig portionsweise auf einer bemehlten Arbeitsfläche ca. 5 mm dick ausrollen (gelingt auf einer Back- und Ausrollmatte mithilfe von Teigstäben besonders gut). Mit dem Ausstecher Häuser aus dem Teig ausstechen und auf mit Backpapier ausgelegte Backbleche legen.

4 Im vorgeheizten Backofen (Umluft 160 °C/Ober- und Unterhitze 180 °C; mittlere Schiene) ca. 15–18 Minuten backen. Das Gebäck auf einem Auskühlgitter gut abkühlen lassen.

5 Icing nach Packungsangabe zubereiten. Mithilfe der Schablonen das Icing dünn auf die Lebkuchenhäuser auftragen und gut trocknen lassen.

Kühl und trocken gelagert halten sich die Häuser bis zu 4 Wochen.

FROHE WEIHNACHTEN

Das Icing nach Packungsangabe zubereiten. Es sollte eine feste Konsistenz haben (ähnlich wie Quark), die sich gut aufstreichen lässt, ohne unter die Schablone zu laufen. Die Schablone passgenau auf die abgekühlten Häuser legen.

Die Schablone gut festhalten, sodass sie nicht verrutscht, während man sie dünn mit Icing bestreicht. Das geht am besten mit einer Mini-Winkelpalette.

Tipps für das perfekte Ergebnis

1. Falls die Oberflächen der Häuschen nach dem Backen nicht ganz glatt sind, kann man sie wieder etwas flachdrücken, solange das Gebäck noch ganz heiß ist.

2. Das Icing kann man auch mit Lebensmittelfarbpulver und etwas Wasser in unterschiedlichen Farben einfärben.

Die Schablone vorsichtig nach oben abziehen. Bevor sie für das nächste Haus verwendet wird, sollte man sie gründlich abspülen und gut trocknen.

Um auch noch die Konturen der Häuschen hübsch zu verzieren, das restliche Icing in einen Spritzbeutel mit feiner Lochtülle füllen und entlang der Kanten auftragen.

Frohe Weihnachten!

CupCakes

Zutaten

1,5 h

Für 12 Stück

Für den Rührteig:

150 g Butter

150 g Zucker

1 Prise Salz

2–3 Teelöffel lösliches Espressopulver

3 Eier (Größe M)

80 g gemahlene Mandeln

100 g Mehl

1 gestr. TL Backpulver

Für das Topping:

250 g Mascarpone

250 g Frischkäse (Doppelrahmstufe)

100 g Puderzucker

1 TL gemahlener Kaffee

Für die Blüten:

50 g Rollfondant Blau

20 g Rollfondant Weiß

große silberne Zuckerperlen

Zubehör:

Ausstechformen-Set *Iris*

Sterntülle (Ø 11 mm)

Aromatische Kaffee-CupCakes

1 Für die Blüten den Fondant dünn ausrollen und 12 große blaue und 12 kleine weiße Blüten ausstechen. Die Blüten (wie auf den nachfolgenden Bildern gezeigt) zusammensetzen, in der Mitte mit einer Zuckerperle dekorieren und gut trocknen lassen.

2 Für den Teig die zimmerwarme Butter mit Zucker, einer Prise Salz und Espressopulver in eine Rührschüssel geben. Die Zutaten mit den Quirlen des Handrührgerätes kurz auf niedrigster, dann auf höchster Stufe etwa 4 Minuten schaumig schlagen. Die Eier nach und nach unterrühren. Mandeln, Mehl und Backpulver gut mischen. Die Mischung mit einem Teigschaber oder Kochlöffel zügig unter die Eier-Fett-Masse heben.

3 Den Teig gleichmäßig in die Papierbackförmchen (CrinkleCups) einfüllen und im vorgeheizten Backofen (Umluft 160 °C/Ober- und Unterhitze 180 °C; mittlere Schiene) ca. 25 Minuten backen und auf einem Auskühlgitter gut abkühlen lassen.

4 Für das Topping zimmerwarme Mascarpone, Frischkäse und gesiebten Puderzucker in eine Schüssel geben und mit einem Schneebesen gut vermischen, bis eine geschmeidige, spritzfähige Masse entsteht. Die Creme in einen Spritzbeutel mit Sterntülle füllen und in Form einer großen Blüte auf die CupCakes spritzen. Etwas Kaffeepulver auf die Creme streuen und mit den Fondant-Blüten verzieren.

Kühl und trocken gelagert halten sich die CupCakes 2–3 Tage.

Die Gegenwart
Bundesumweltminister Trittin

Rezept-Tipp

Bereiten Sie die Blüten schon am Vortag zu, da sie mehrere Stunden trocknen müssen. Sie können auch gleich eine größere Menge auf Vorrat herstellen, denn trocken gelagert halten sich die fertigen Blüten mehrere Wochen.

Verwendungs-Tipp

CrinkleCups sind nicht nur wunderbar für Muffins oder CupCakes, sondern eignen sich auch hervorragend als Schälchen für kleine Snacks wie Nüsschen oder Gemüse-Sticks.

Geschenk-Tipp

Auch toll: CrinkleCups mit Plätzchen oder anderen kleinen Leckereien füllen, mit Zellglas-folie einschlagen und mit einem hübschen Band und Etikett versehen. So hat man schnell ein zauberhaftes kleines Geschenk!

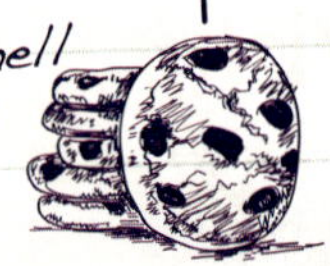

Den blauen Fondant ca. 1,5 mm dünn ausrollen und 12 große Blüten ausstechen. Dann aus dem weißen Fondant auf die gleiche Weise 12 kleine Blüten ausstechen.

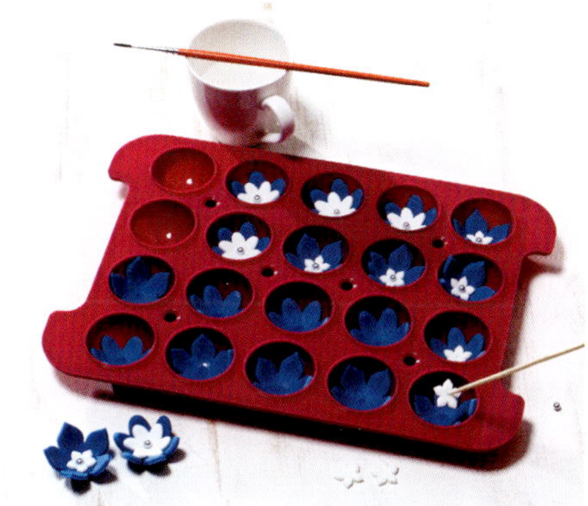

Die blauen Blüten in eine CakePop-Form oder eine leere Pralinen-Plastikform setzen, um ihnen eine leicht gebogene Form zu geben. Die weißen Blüten auf der Unterseite ganz leicht mit Wasser befeuchten und auf die blauen Blüten setzen.

Zum Schluss in jede Blütenmitte eine silberne Zuckerperle drücken. Für die filigrane Arbeit eignet sich ein kleiner Holzspieß, ein feiner Pinsel oder auch ein entsprechendes Modellierwerkzeug (siehe S. 93) sehr gut als Hilfsmittel.

Die Mascarpone-Creme in einen Spritzbeutel mit großer Sterntülle füllen und in einer Spirale von außen nach innen auf die CupCakes spritzen, sodass das Topping wie eine Blüte wirkt. Auf jeden CupCake eine Fondantblüte setzen.

Zutaten

Für 12 Stück

Für den Rührteig:

100 g gesalzene, geröstete Erdnüsse
150 g Butter
150 g brauner Zucker
3 Eier (Größe M)
150 g Weizenmehl
1 gestr. TL Backpulver

Für das Topping:

75 g Erdnussbutter
125 g Frischkäse (Doppelrahmstufe)
100 g Icing-Pulver
200 g Rollfondant (Rosa oder Pink)

Zubehör:

Schablonen-Set für Gebäck *Ganzjahr*

Ausgefallene Erdnuss-CupCakes

1 Erdnüsse fein hacken. Zimmerwarme Butter mit braunem Zucker in eine Rührschüssel geben und mit den Quirlen des Handrührgerätes kurz auf niedrigster, dann auf höchster Stufe etwa 4 Minuten schaumig schlagen. Die Eier nach und nach unterrühren. Mehl und Backpulver sieben und mit den Erdnüssen gut mischen. Die Mehl-Mischung mit einem Teigschaber oder Kochlöffel zügig unter die Eier-Fett-Masse heben.

2 Papierförmchen in eine Muffin-Backform setzen und den Teig gleichmäßig einfüllen. Die CupCakes im vorgeheizten Backofen (Umluft 160 °C/Ober- und Unterhitze 180 °C; mittlere Schiene) ca. 25 Minuten backen. Muffin-Form aus dem Ofen nehmen und etwas auskühlen lassen. Die CupCakes nach etwa 5 Minuten aus der Form lösen und auf einem Auskühlgitter erkalten lassen.

3 Für das Topping Erdnussbutter und Frischkäse mit einem Schneebesen verrühren. Creme gleichmäßig auf die CupCakes streichen.

4 Icing nach Packungsangabe zubereiten. Fondant weich kneten, dünn ausrollen und Kreise ausstechen. Mithilfe der Schablone die Kreise mit Icing verzieren und die Hauben sofort auf die CupCakes legen. Die Ränder leicht festdrücken und zum Schluss die Papier-Schürzen um die CupCakes legen.

Die CupCakes halten sich kühl und trocken gelagert 2 Tage.

Schablonen eignen sich hervorragend um Plätzchen, CupCakes und kleine Küchlein im Handumdrehen in kleine, köstliche Kunstwerke zu verwandeln. Farblich sind dort keine Grenzen gesetzt und auch die Motive bieten für jeden etwas!

Rezeptvariante

Statt Erdnüssen kann man auch salzige geröstete Cashewkerne oder Macadamianüsse verwenden. Als Creme schmeckt auch fertige Nussnougatcreme.

Auf jeden CupCake eine kleine Portion der Creme geben. Diese von innen nach außen mit einer Mini-Winkelpalette oder einem Messer leicht kuppelförmig auf dem CupCake verstreichen.

Fondant ca. 1,5 mm dünn ausrollen und gewellte Kreise ausstechen. Schablone auf einen Kreis legen und das Icing dünn aufstreichen. Dabei die Schablone gut festhalten, damit sie nicht verrutscht.

Die Schablone vorsichtig nach oben abziehen. Damit das Dekor schön zur Geltung kommt, muss das Icing eine recht feste Konsistenz haben, so fließt beim Bestreichen nichts unter die Schablone.

Die Fondant-Haube sofort auf den CupCake setzen, damit sie nicht austrocknet und Risse bekommt. Die Ränder vorsichtig andrücken. Bevor der nächste Kreis dekoriert wird, die Schablone abspülen und gut abtrocknen.

Zutaten

1,5 h

Für 12 Stück

Für den Rührteig:
150 g Butter
120 g Zucker
1 Prise Salz
3 Eier (Größe M)
175 g gemahlene Haselnüsse
1 gestr. TL gemahlener Zimt
1 EL Speisestärke

Für Füllung und Topping:
150 g Nougat
75 g Butter
250 g Rollfondant Weiß

Zubehör:
CupCake-Entkerner
Prägematte *Blütenranke*
Ausstechform Kreis, gerippt (Ø 8 cm)

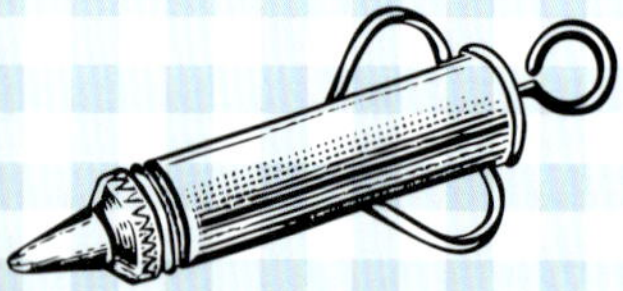

GEFÜLLTE HASELNUSS-CUPCAKES

1 Für den Teig die zimmerwarme Butter mit dem Zucker und einer Prise Salz in eine Rührschüssel geben. Die Zutaten mit den Quirlen des Handrührgerätes kurz auf niedrigster, dann auf höchster Stufe etwa 4 Minuten schaumig schlagen. Die Eier nach und nach unterrühen. Haselnüsse, Zimt und Speisestärke gut mischen. Die Mischung mit einem Teigschaber oder Kochlöffel unter die Eier-Fett-Masse heben.

2 Papierförmchen in eine Muffin-Backform setzen. Den Teig gleichmäßig einfüllen und die CupCakes im vorgeheizten Backofen (Umluft 160 °C/Ober- und Unterhitze 180 °C; mittlere Schiene) ca. 25 Minuten backen. Die Form etwas auskühlen lassen. CupCakes nach etwa 5 Minuten herauslösen und auf einem Auskühlgitter erkalten lassen.

3 Den Nougat halbieren. Die eine Hälfte in 12 kleine Würfel schneiden. Die CupCakes mit dem Entkerner etwas aushöhlen und in jedes Loch einen Würfel Nougat geben. Den restlichen weichen Nougat und die zimmerwarme Butter in einer Schüssel mit den Quirlen des Handrührgerätes schaumig schlagen. Creme gleichmäßig auf den CupCakes verstreichen.

4 Fondant weich kneten, dünn ausrollen und mithilfe der Prägematte ein Muster hineindrücken. Mit dem Kreisausstecher Hauben ausstechen und diese vorsichtig auf die CupCakes setzen. Hauben an den Rändern leicht festdrücken.

Die CupCakes halten sich kühl und trocken gelagert 2 Tage.

Das Schönste,
das ein Mensch
hinterlassen kann,
ist ein Lächeln
bei all Jenen,
die an ihn denken.

Und es stimmt:
Die inneren Werte zählen!
Mmmmh ...

Nach dem Auskühlen werden die CupCakes mit einem CupCake-Entkerner oder einem kleinen Teelöffel vorsichtig und nicht zu tief ausgehöhlt. In jede Vertiefung einen Würfel Nougat geben.

Auf jeden CupCake eine Portion Nougatcreme geben und mit einer Mini-Winkelpalette oder einem Messer bis zum Rand hin glatt streichen.

Den Fondant mit einem Ausrollstab ca. 2 mm dünn ausrollen. Den Fondant auf die Prägematte legen und nochmals mit leichtem Druck über den Fondant rollen. Dann den Fondant vorsichtig von der Prägematte abziehen.

Mit dem gerippten Ausstecher Kreise mit 8 cm Durchmesser ausstechen. Diese Hauben vorsichtig, damit das Muster sichtbar bleibt, auf die CupCakes setzen und die Ränder leicht festdrücken.

Fruchtige Lemon-CupCakes

Zutaten

Für 12 Stück

Für den Rührteig:
1 Bio-Zitrone
150 g Butter
125 g Zucker
1 Prise Salz
3 Eier (Größe M)
100 g Weichweizengrieß
100 g Mehl
1 gestr. TL Backpulver

Für Füllung und Topping:
80 ml Zitronensaft
80 g Gelierzucker 2:1
200 g Butter
25 g Puderzucker
125 g Lemon-Curd

Für die Rosen:
300 g Rollfondant Gelb
Lebensmittelfarbpulver Gold

Zubehör:
Modellierwerkzeug
Ausstechform Kreis (Ø 3 cm)
CupCake-Entkerner
Lochtülle (Ø 11 mm)

1 Am Vortag aus gelbem Fondant (wie auf den nachfolgenden Bildern gezeigt) die Rosen herstellen.

2 Für den Teig die Zitronenschale fein abreiben und mit zimmerwarmer Butter, dem Zucker und einer Prise Salz in eine Rührschüssel geben. Die Zutaten mit den Quirlen des Handrührgerätes kurz auf niedrigster, dann auf höchster Stufe etwa 4 Minuten schaumig schlagen. Die Eier nach und nach unterrühren. Grieß, Mehl und Backpulver gut mischen. Die Mischung mit einem Teigschaber oder Kochlöffel unter die Eier-Fett-Masse heben.

3 Papierförmchen in eine Muffin-Backform setzen und den Teig gleichmäßig einfüllen. Die CupCakes im vorgeheizten Backofen (Umluft 160 °C/Ober- und Unterhitze 180 °C; mittlere Schiene) ca. 25 Minuten backen. Form etwas auskühlen lassen, CupCakes herauslösen und auf einem Auskühlgitter erkalten lassen.

4 Für das Topping Zitronensaft und Gelierzucker in einem Topf aufkochen und in einer Schüssel lauwarm auskühlen lassen. Butter und Puderzucker dazugeben und mit den Quirlen des Handrührgerätes schaumig schlagen.

5 CupCakes mit dem CupCake-Entkerner aushöhlen und die Vertiefungen mit Lemon-Curd füllen. Die Zitronencreme mit einem Spritzbeutel spiralförmig auf die CupCakes spritzen. Jeweils eine Rosenblüte mittig in die Creme setzen.

Die CupCakes halten sich kühl gelagert 2–3 Tage.

Den Fondant ca. 2 mm dünn ausrollen. Insgesamt 84 Kreise mit 3 cm Durchmesser ausstechen.
Für jede Rose benötigt man 7 Kreise. Die Ränder der Kreise mit einem runden Kegel (Modellierwerkzeug, siehe S. 93) durch streichende Bewegungen ausdünnen.

Für jede Rose aus dem restlichen Fondant zuerst eine Kugel mit ca. 1 cm Durchmesser formen. Die Kugel in die Hand nehmen und nacheinander 7 Kreise als Blätter rundherum legen. Die Blütenblätter oben leicht auseinander biegen. Die Rose unten festhalten und leicht zusammendrücken. Die fertige Blüte unten gerade abschneiden und einige Stunden oder über Nacht trocknen lassen.

Wichtig!

Immer nur für eine Rose die Blätter ausrollen und modellieren, sonst werden sie zu trocken.

Besonders schön sehen die Rosen aus, wenn man sie nach dem Trocknen noch mit etwas goldenem Lebensmittelfarbpulver bepudert.

Die CupCakes mit einem CupCake-Entkerner oder einem Teelöffel aushöhlen und in die Vertiefungen jeweils ein wenig Lemoncurd füllen. Die Zitronencreme mithilfe eines Spritzbeutels mit Lochtülle in einer Spirale von außen nach innen aufspritzen, so dass die Creme im Zentrum etwas höher ist. Auf jeden CupCake eine Rosenblüte setzen.

Schenkt dir das Leben Zitronen, mach' CupCakes daraus!

Super Buttercreme-Tipp

! Ist die Buttercreme etwas klumpig, einfach die Schüssel kurz in ein heißes Wasserbad stellen, bis die Creme am Rand schmilzt, dann weiter aufschlagen !

KERNIGE MÜSLI-CUPCAKES

Zutaten

2h

Für 10 Stück

Für den Rührteig:
125 g Früchte-Nuss-Müsli
6 EL Milch
160 g Butter
125 g brauner Zucker
1 Prise Salz
3 Eier (Größe M)
150 g Vollkornmehl
1 gestr. TL Backpulver

Für das Topping:
100 ml Milch
2 Päckchen Vanillezucker
8 g Speisestärke
25 g Zucker
125 g Butter
200 g Rollfondant Rot
200 g Rollfondant Weiß
50 g Icing-Pulver

Zubehör:
Ausstechform Kreis (Ø 8 cm)
Modellierwerkzeug

1 Für den Teig Müsli und Milch mischen und etwas quellen lassen. Zimmerwarme Butter mit braunem Zucker und einer Prise Salz in eine Rührschüssel geben. Die Zutaten mit den Quirlen des Handrührgerätes kurz auf niedrigster, dann auf höchster Stufe etwa 4 Minuten schaumig schlagen. Die Eier nach und nach untermischen. Mehl und Backpulver sieben. Müslimischung und Mehl mit einem Teigschaber oder Kochlöffel unter die Eier-Fett-Masse heben.

2 Papierbackförmchen (CrinkleCups) auf das Backblech stellen. Den Teig gleichmäßig in die Förmchen einfüllen und im vorgeheizten Backofen (Umluft 160 °C/Ober- und Unterhitze 180 °C; mittlere Schiene) ca. 25 Minuten backen. Die CupCakes auf einem Auskühlgitter abkühlen lassen.

3 Für die Creme Milch, Vanillezucker und Speisestärke in einem kleinen Topf klümpchenfrei verrühren. Unter Rühren aufkochen, 1 Minute kochen lassen und in eine Schüssel füllen. Zucker und 25 g Butter unter den heißen Pudding rühren. Auskühlen lassen, dann den lauwarmen Pudding und die restliche Butter mit den Quirlen des Handrührgerätes schaumig schlagen. Creme gleichmäßig auf den CupCakes verteilen und glatt streichen.

4 Roten und weißen Fondant weich kneten, dünn ausrollen und Kreise ausstechen. Diese als Hauben vorsichtig auf die CupCakes legen und an den Rändern leicht festdrücken. Icing nach Packungsangabe anrühren. Aus rotem und weißem Fondant (wie auf den nachfolgenden Bildern gezeigt) Schleifen formen und mit etwas Icing zusammensetzen.

Trocken und kühl gelagert halten die CupCakes 3 Tage.

&
D U & I C H

Die Creme auf den CupCakes gleichmäßig mit einer Mini-Winkelpalette verteilen und kuppelförmig glatt streichen.

Roten und weißen Fondant weich kneten, ca. 2 mm dünn ausrollen und 9 Kreise à 8 cm Durchmesser für die Hauben ausstechen. Die Hauben auf die CupCakes setzen. Übrigen Fondant in ca. 8 × 2,5 cm lange Streifen schneiden.

Aus den Fondant-Streifen Schlaufen formen, zum Ende hin zusammendrücken und überschüssigen Fondant abschneiden.

Aus jeweils zwei Schlaufen wird nun der obere Teil der Schleife zusammengesetzt. Dafür die Schlaufen mit der Nahtstelle zueinander mit etwas Icing auf den CupCake setzen.

Einen Fondant-Streifen von 4 × 1,5 cm zuschneiden. Das eine Ende spitz, das andere V-förmig zuschneiden und die Streifen als Bänder mit etwas Icing an die vorbereiteten Schlaufen setzen.

Für die Schleifenmitte kleine 2 × 2,5 cm große Rechtecke aus dem Fondant schneiden und an beiden Enden zusammendrücken.

Das Mittelstück mit etwas Icing auf die Nahtstelle der Schlaufen setzen und mit dem Modellierwerkzeug (siehe S. 93) oder einem Holzstäbchen in Form drücken.

Tipp für größere Schleifen

Soll die Schleife größer werden, zum Beispiel für Torten, sollte man darauf achten, dass die Schlaufen während des Trocknens nicht einfallen. Dazu die Schlaufen einfach um eine mit Backpapier eingeschlagene, große Rolle (z. B. Küchenpapierrolle) legen.

Torten

Farbenfroher Ombre-Cake

Zutaten

Für 1 Torte
à 12 Stücke

Für den Rührteig:

1 Bio-Orange
350 g Butter
300 g Zucker
2 Prisen Salz
6 Eier (Größe M)
80 g Vanillejoghurt
3 gestr. TL Backpulver
300 g Mehl
50 g Speisestärke
Lebensmittelfarbpulver Gelb und Orange
etwas Butter zum Einfetten

Für die Creme:

450 g Butter
350 g Puderzucker
250 g Vanillejoghurt (1,5 %)

Zubehör:

2 Backformen oder Back- und Speiseringe (Ø 18 oder 20 cm)
Lochtülle (Ø 11 mm)

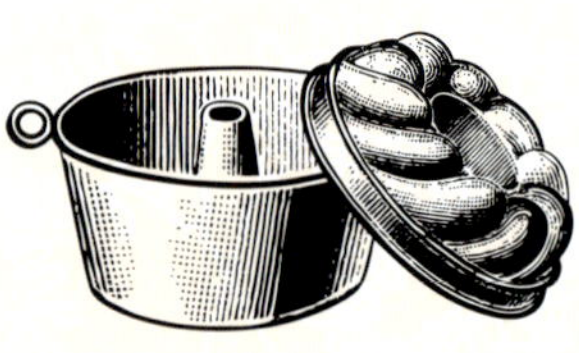

1 Orange waschen, abtrocknen und die Schale fein abreiben. Für die ersten zwei Böden aus der Hälfte der Zutaten einen Rührteig herstellen. Dazu weiche Butter mit Zucker und einer Prise Salz in eine Rührschüssel geben. Mit den Quirlen des Handrührgerätes kurz auf niedrigster, dann auf höchster Stufe etwa 4 Minuten schaumig schlagen. Die Eier und den Joghurt nach und nach unterrühren. Backpulver, Mehl und Speisestärke gut mischen und unter die Eier-Fett-Masse heben. Teig halbieren, auf zwei Schüsseln verteilen und mit etwas gelbem Lebensmittelfarbpulver einen Teig sehr zart, den anderen kräftig gelb einfärben.

2 Backformen mit Butter fetten und mehlen. Den Teig gleichmäßig in den Formen verstreichen und im vorgeheizten Backofen (Umluft 160 °C/Ober- und Unterhitze 180 °C) auf der zweiten Schiene von unten ca. 25–30 Minuten backen (Stäbchenprobe).

3 Die Kuchen in der Form lauwarm auskühlen lassen, herauslösen und auf einem Auskühlgitter vollständig abkühlen lassen.

4 Aus den übrigen Teigzutaten einen zweiten Teig herstellen, halbieren und mit orangefarbenem Lebensmittelfarbpulver in helles und kräftiges Orange färben. Zwei weitere Böden backen und auskühlen lassen.

5 Für die Creme die weiche Butter mit den Quirlen des Handrührgerätes ca. 3 Minuten schaumig schlagen. Nach und nach den gesiebten Puderzucker zugeben und weiter schlagen, bis eine luftige Buttercreme entsteht. Den Joghurt unterschlagen.

6 Die Kuchen begradigen und mit je einer Schicht Creme dazwischen von hell nach dunkel zusammensetzen. Die Torte mit Klarsichtfolie abdecken und 2 Stunden in den Kühlschrank stellen.

7 Torte mit etwas Creme rundum dünn bestreichen und nochmals eine halbe Stunde kalt stellen. Die restliche Creme in einen Spritzbeutel mit großer Lochtülle füllen und die Torte ringsum mit Creme-Tupfen verzieren. Erneut ca. 1–2 Stunden kühl stellen.

Die Torte hält sich gekühlt 3–4 Tage.

Die Kuchen, falls nötig, mit einem langen scharfen Messer begradigen. Je 3–4 EL Buttercreme gleichmäßig mit einer Palette auf den drei helleren Böden verstreichen.

Die Kuchen von hell nach dunkel gerade aufeinander setzen und leicht festdrücken. Die Torte nun rundum dünn mit Creme bestreichen und für ca. 2 Stunden kalt stellen.

Die übrige Creme in einen Spritzbeutel mit großer Lochtülle füllen. Zunächst an den Seiten große, sich etwas überlappende Tupfen auftragen.
Das gleichmäßige Spritzen von Tupfen kann man vorher gut auf einem Stück Backpapier üben.

Zuletzt die Torte auch oben von außen nach innen mit dem Tupfenmuster verzieren.

Statt mit Buttercreme kann man die Böden auch mit Orangenmarmelade oder Aprikosenkonfitüre zusammensetzen.
Dann schmeckt das Ganze noch fruchtiger!

Der Ombre-Cake sieht auch in anderen Farben, wie verschiedenen Pinkabstufungen, hübsch aus.

Ist der Kuchen richtig schnöde, wird das Kaffeekränzchen öde.

Wird der Kuchen aber bunt, geht es auf der Feier rund!

Mini-Törtchen „Vive La France“

Zutaten

2,5 h

Für 3 Törtchen

Für den Biskuit:

1 Glas Sauerkirschen (Einwaage 350 g)
6 Eier (Größe M)
1 Prise Salz
120 g Zucker
120 g Mehl
2 EL Kakaopulver
50 g gehackte Mandeln

Für die Creme:

200 g Frischkäse (Doppelrahmstufe)
250 g Mascarpone
100 g Puderzucker

Für die Dekoration:

450 g Marzipanrohmasse
etwas Puderzucker zum Ausrollen
500 g Rollfondant Weiß
etwas Rollfondant Rosa
Amaretto oder Wasser

Zubehör:

Ausstechform Kreis (Ø 10 cm)
Lebensmittelstifte

1 Die Sauerkirschen in einem Sieb abtropfen lassen. Für den Biskuit die Eier trennen. Eiweiße und Salz steif schlagen. Zucker einrieseln lassen und zum Schluss die Eigelbe untermischen. Mehl und Kakao auf die Eimasse sieben und mit einem Schneebesen unterheben.

2 Backblech mit Backpapier auslegen und den Biskuitteig darauf verstreichen. Biskuit gleichmäßig mit Kirschen und Mandeln bestreuen.

3 Im vorgeheizten Backofen (Umluft 160 °C/Ober- und Unterhitze 180 °C; mittlere Schiene) ca. 25 Minuten backen. Biskuit auf dem Papier belassen, auf ein Auskühlgitter ziehen und abkühlen lassen. Aus dem abgekühlten Biskuit 9 Kreise ausstechen.

4 Für die Creme Frischkäse, Mascarpone (beides zimmerwarm) und Puderzucker mit dem Schneebesen zu einer cremigen, streichfähigen Masse verrühren. Nicht zu lange rühren, damit die Creme nicht zu fest wird.

5 Jeweils drei Böden mit je einer Schicht Creme dazwischen zu Törtchen zusammensetzen. Eine halbe Stunde kalt stellen, dann rundum mit Creme bestreichen und nochmals 1 Stunde kühlen.

6 Die Törtchen zuerst mit Marzipan, dann mit Fondant (wie auf den nachfolgenden Bildern gezeigt) überziehen.

7 Törtchen ca. 1–2 Stunden trocknen lassen. Dann nach Belieben mit Lebensmittelfarbstiften oder Fondant-Motiven und einem Satinband verzieren.

Die Törtchen halten sich gekühlt 2–3 Tage.

Oh Lala!

Aus dem Biskuitteig Kreise mit einem Durchmesser von 10 cm ausstechen.

Je drei Böden mit einer Schicht Creme dazwischen zusammensetzen. Dabei den oberen Boden mit den Kirschen nach unten auflegen. Törtchen 1/2 Stunde kalt stellen, dann rundum glatt mit Creme bestreichen und nochmals 1 Stunde kühlen.

Das Marzipan evtl. auf etwas Puderzucker ca. 2 mm dünn ausrollen und 3 Kreise mit 10 cm Durchmesser ausstechen. Die Kreise auf die Törtchen legen und andrücken. 3 Streifen mit jeweils 24 × 7,5 cm ausschneiden und die Törtchen damit ummanteln.

Eventuell überschüssiges Marzipan abschneiden und die Marzipanhülle am Rand mit Fondant-Glättern schön gerade und glatt andrücken.

Den Fondant dritteln. Je Törtchen einen dünnen Kreis von ca. 28 cm Durchmesser ausrollen. Törtchen dünn mit Wasser oder Amaretto bepinseln und den Fondantkreis auflegen.

Fondant zuerst oben, idealerweise mithilfe eines Fondantglätters, …

… dann an den Seiten von oben nach unten vorsichtig glatt und fest an das Törtchen drücken.

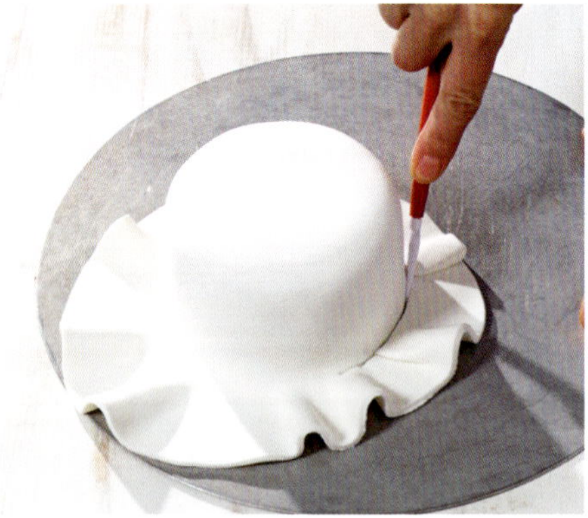

Überstehenden Fondant abschneiden und den Tortenrand wie beim Marzipan mit Fondantglättern schön gerade und glatt formen. Etwa 2 Stunden trocknen lassen.

Motiv von einer schönen Vorlage mit Lebensmittelstiften auf den Tortenrand übertragen. Etwas rosa Fondant dünn ausrollen, einen Banner ausschneiden und mit Lebensmittelstift beschriften. Das Banner mit ganz wenig Wasser bepinseln und auf die Oberfläche des Törtchens setzen. Ein Satinband um den unteren Tortenrand legen und eine Schleife binden.

Tipp

Sie können verschiedene Ausstechformen (z. B. Eiffelturm) verwenden und diese vorsichtig in den Fondant drücken. Das so geprägte Motiv ganz einfach mit einem Lebensmittelstift nachzeichnen.
Oder Sie rollen etwas farbigen Fondant ca. 1,5 mm dünn aus und stechen mit Fondant-Ausstechern hübsche Motive aus. Diese mit nur ganz wenig Wasser bepinseln und auf die Törtchen setzen.

Passionsfrucht-Cremetorte

Zutaten

Für 1 Torte
à 16 Stücke

Für den Biskuit:

8 Eier (Größe M)
1 Prise Salz
160 g Zucker
175 g Mehl
75 g Kokosraspeln
etwas Butter zum Einfetten

Für die Creme:

400 ml Passionsfruchtnektar
200 g Gelierzucker 2:1
400 g Butter
3–4 frische Passionsfrüchte

Für die Dekoration:

125 g Icing-Pulver
250 g Rollfondant Gelb
evtl. etwas Puderzucker zum Ausrollen
2 EL Kokosraspel

Zubehör:

Backform (Ø 26 cm)
Tortenschablone *Mandala*
Sterntülle (Ø 9–11 mm)

1 Für den Biskuit die Eier trennen. Eiweiß und Salz mit den Quirlen des Handrührgerätes in einer Schüssel steif schlagen, Zucker einrieseln lassen und zum Schluss die Eigelbe unterschlagen. Mehl und Kokosraspeln mischen und mit einem Schneebesen unterheben.

2 Backform mit Butter fetten und den Biskuitteig gleichmäßig darin verteilen. Im vorgeheizten Backofen (Umluft 160 °C/Ober- und Unterhitze 180 °C; mittlere Schiene) ca. 45 Minuten backen. Den Biskuit in der Backform auf einem Auskühlgitter gut abkühlen lassen.

3 Für die Creme Passionsfruchtnektar und Gelierzucker in einem Topf ca. 5 Minuten köcheln lassen und in eine Schüssel füllen. Wenn der Saft lauwarm ist, die Butter in kleinen Würfeln zugeben und die Creme mit den Quirlen des Handrührgerätes einige Minuten lang dickschaumig aufschlagen.

4 Biskuit aus der Form lösen und zweimal waagerecht durchschneiden, so dass drei gleich dicke Böden entstehen. Passionsfrüchte halbieren und das Fruchtmark mit einem Löffel herauslösen. Die Böden mit je einer Schicht Creme und der Hälfte des Passionsfruchtmarks dazwischen übereinandersetzen. Dann die Torte ringsum mit Creme bestreichen und ca. 1–2 Stunden kalt stellen.

5 Für die Dekoration das Icing nach Packungsangabe zubereiten. Einen Fondant-Kreis mit dem Durchmesser der Torte ausschneiden. Den Kreis mit Hilfe der Schablone (wie auf den nachfolgenden Bildern gezeigt) mit Icing dekorieren und auf die Torte legen. Dann die Torte am Rand und an den Seiten mit der übrigen Frucht-Buttercreme verzieren. Mit Kokosraspeln bestreuen und kalt stellen.

Die Torte 1 Stunde vor dem Servieren aus dem Kühlschrank nehmen. Gekühlt hält sie sich 2–3 Tage.

Zum Füllen der Torte den ersten Boden ca. 6 mm dick mit Creme bestreichen. Mulden in die Creme drücken und mit der Hälfte des Passionsfruchtmarks füllen. Den zweiten Boden auflegen und genauso verfahren.

Fondant ca. 2 mm dünn ausrollen und mit Hilfe des Backformrandes einen Kreis von 26 cm Durchmesser ausschneiden. Die Torten-Schablone auflegen und das Icing mit einer Mini-Winkelpalette aufstreichen.

Die Schablone vorsichtig nach oben abziehen. Das Icing sollte eine so feste Konsistenz haben, dass es nicht unter die Schablone fließt.

Solange das Icing noch weich ist, die Fondant-Decke mit Hilfe einer großen Palette und einer Hand vorsichtig anheben und mittig auf die Torte legen. Das Icing trocknen lassen.

Die Frucht-Buttercreme mit einer Palette in Wellen auf den Tortenrand auftragen.

Die restliche Creme in einen Spritzbeutel mit großer Sterntülle füllen und dicht an dicht hübsche Tupfen auf den Tortenrand spritzen.

Zum Schluss die Torte leicht schräg anheben und den Rand rundum mit Kokosraspeln bestreuen.

Tipp

Den Biskuitboden am besten schon einen Tag vorher backen, dann lässt er sich besser durchschneiden.

Pink Rufflecake

Zutaten

Für 1 Torte
à 12 Stücke

Für den Rührteig:
300 g Butter
275 g Zucker
6 Eier (Gr. M)
2 gestr. TL Backpulver
200 g Mehl
150 g gemahlene Mandeln
etwas Butter zum Einfetten

Für die Creme:
250 g Butter
250 g Himbeerfrucht-aufstrich (ohne Kerne)

Für die Dekoration:
100 g Rollfondant Pink
50 g Icing-Pulver
1 TL weiße Zuckerperlen
400 g Rollfondant Rosa

Zubehör:
Ausstechform Kreis (Ø 3 cm)
Backformen oder Back- und Speiseringe (Ø 18 oder 20 cm)
Ausstechform Kreis, gerippt (Ø 5 cm)

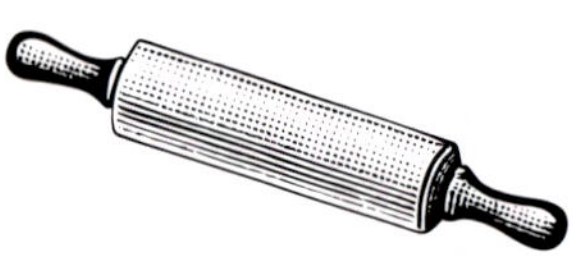

1 Die Blüte aus pinkfarbenem Fondant (wie auf den nachfolgenden Bildern gezeigt) schon am Vortag zubereiten, damit der Fondant über Nacht gut trocknen kann. Während des Arbeitens darauf achten, den nicht benötigten Fondant dabei immer wieder luftdicht abzudecken.

2 Für den Teig zimmerwarme Butter und Zucker in eine Schüssel geben und mit den Quirlen des Handrührgerätes ca. 5 Minuten schaumig schlagen. Die Eier nach und nach hinzufügen. Backpulver und Mehl sieben, mit den Mandeln mischen und mit einem Schneebesen unter die Buttermasse heben.

3 Zwei Backformen fetten und mehlen. Den Teig gleichmäßig in den Formen verstreichen. Im vorgeheizten Backofen (Umluft 160 °C/Ober- und Unterhitze 180 °C; mittlere Schiene) ca. 40 Minuten backen (Stäbchenprobe). Kuchen in den Formen etwas auskühlen lassen. Jeweils lauwarm aus der Form lösen und auf einem Auskühlgitter vollständig abkühlen lassen.

4 Für die Creme zimmerwarme Butter mit den Quirlen des Handrührgerätes ca. 3 Minuten schaumig schlagen. Nach und nach den Himbeerfruchtaufstrich hinzufügen und so lange schlagen, bis eine luftige Himbeercreme entsteht.

5 Die Kuchen begradigen und einmal in der Mitte waagerecht durchschneiden. Je 3–4 EL Buttercreme gleichmäßig auf 3 der Böden verstreichen. Die Böden aufeinander setzen. Den letzten Boden mit der glatten Seite nach oben auf die Torte setzen. Torte mit Klarsichtfolie abdecken und ca. 1/2 Stunde in den Kühlschrank stellen. Restliche Creme rundum dünn auf die Torte streichen, nochmals ca. 2 Stunden kalt stellen.

6 Die Torte mit Kreisen aus rosa Fondant (wie auf den nachfolgenden Bildern gezeigt) dekorieren. Zum Schluss die vorbereitete Blüte mit etwas Icing auf die Torte setzen.

Gekühlt hält sich die Torte 2–3 Tage.

MEHR RAUM
FUER KUCHEN

Pinken Fondant ca. 2 mm dünn ausrollen und 18 Kreise mit je 3 cm Durchmesser ausstechen. Die Ränder mit dem gewölbten Werkzeugkopf zu Blütenblättern formen. Blätter in sich überlappende Kreise legen, festdrücken und nachformen.

Auf diese Weise die Blüte von außen nach innen mit Blütenblättern füllen. Arbeiten Sie dabei am besten auf einer mit Frischhaltefolie bedeckten, etwa 2 cm dicken Zuckerschicht.

50 g Icing-Pulver nach Packungsangabe zubereiten, in einen Spritzbeutel füllen und etwas Icing in die Mitte der Blüte geben. Das übrige Icing im Spritzbeutel luftdicht verschlossen im Kühlschrank aufbewahren.

Zuckerperlen dicht an dicht in das Icing drücken. Oder in die Mitte der Blüte eine Fondant-Kugel von 1,5 cm Durchmesser setzen und Zuckerperlen in die Kugel drücken. Blüte über Nacht bei Zimmertemperatur trocknen lassen.

Die Biskuitböden mit je einer Schicht Creme dazwischen übereinander setzen. Die restliche Creme mit einer Palette seitlich und oben dünn auf die Torte streichen.

Rosa Fondant ca. 2 mm dünn ausrollen, einen Kreis mit dem Durchmesser der Torte ausschneiden und auf die Torte legen. Aus dem restlichen Fondant 45 gerippte Kreise mit jeweils 5 cm Durchmesser ausstechen.

Den Tortenrand mit halbierten, sich dachziegelartig überlappenden Kreisen verzieren. Für die letzte Reihe ganze Kreise verwenden und gut am Tortenrand festdrücken. Evtl. mit wenig Wasser bepinseln, damit sie gut haften.

Zuletzt die getrocknete Blüte mit restlichem Icing auf die Torte setzen. Dazu eine kleine Mulde in die Torte drücken, damit die Blüte gut hält. Die Blüte nicht zu weit an den Rand setzen, damit sie nicht abrutscht.

Schoko-Torte CakeCouture

Zutaten

5 h

Für 1 Torte
à 40 Stücke

Für den Rührteig:

600 g Zartbitter-Kuvertüre
600 ml Milch
600 g Zucker
8 Eier (Größe M)
400 g Butter
640 g Mehl
2 EL Kakao
1 Päckchen Backpulver

Für die Füllung:

500 ml Milch (1,5 %)
200 g Zucker
1 Packung Vanille-Pudding zum Kochen
750 g Butter
300 g Preiselbeerkompott

Für die Dekoration:

1300 g Rollfondant Rot
300 g Rollfondant Weiß
125 g Icing-Pulver

Zubehör:

Backform oder Back- und Speiseringe (Ø 20 und 26 cm)
Ausstechform Kreis (Ø 2,5–3 und 9–10 cm)
Tortenringe, verstellbar
Lochtülle (Ø 4 mm)

1 300 g Zartbitter-Kuvertüre grob hacken. 300 ml Milch und 100 g Zucker aufkochen. Kuvertüre unterrühren und von der Kochstelle nehmen. 300 g sehr weiche Butter mit 200 g Zucker schaumig schlagen und nach und nach 4 Eier hinzufügen. 320 g Mehl, 1 EL Kakao und 1/2 Päckchen Backpulver zur Buttermasse sieben, kurz verrühren und dann die heiße Schokoladenmilch unterrühren. In die Böden der beiden Backformen ein Blatt Backpapier einspannen, den Schokoladenteig gleich hoch in beide Backformen einfüllen und glatt streichen.

2 Schokoladenkuchen im vorgeheizten Backofen (unbedingt Umluft 160 °C) auf 2 Rosten ca. 35–40 Minuten backen. Die Bleche nach ca. 25 Minuten tauschen. Den kleinen Schokoladenboden evtl. etwas früher aus dem Ofen nehmen (Stäbchenprobe). Die Kuchen auskühlen lassen, aus den Formen lösen und auf einem Auskühlgitter abkühlen lassen.

3 Aus den restlichen Teigzutaten 2 weitere Böden (wie unter Punkt 1 und 2 beschrieben) backen.

4 Für die Creme Pudding nach Packungsanleitung kochen und in eine Schüssel umfüllen. Restlichen Zucker und 150 g zimmerwarme Butter schaumig schlagen. Pudding nach und nach zugeben und mehrere Minuten zu einer luftigen Creme aufschlagen. Mit Klarsichtfolie abdecken und auskühlen lassen. Zimmerwarmen Pudding und restliche zimmerwarme Butter mit den Quirlen des Handrührgerätes ca. 5 Minuten dickschaumig aufschlagen.

5 Die Schokoladenböden begradigen und mittig einmal durchschneiden. Mithilfe der verstellbaren Tortenringe die vier großen und vier kleinen Böden mit der Creme und dem Peiselbeerkompott übereinander schichten. Die letzten beiden Böden mit der glatten Seite nach oben auf die Torten setzen, leicht festdrücken und ca. 1 Stunde kalt stellen. Die Torten aus den Ringen lösen und mit einer Palette jeweils die restliche Creme glatt und gleichmäßig darauf verstreichen. Torten ca. 3–4 Stunden kalt stellen.

Umblättern →

CAKE
COUTURE

CAKE Couture

6 Die beiden Torten (wie auf den nachfolgenden Bildern gezeigt) mit rotem Fondant überziehen. Mit einer Palette die kleine Torte mittig auf die große Torte setzen. Aus dem weißen Fondant mit den runden Ausstechern das Tortendekor formen und auf die Torte setzten. Icing nach Packungsangabe zubereiten und einen Tupfenrand aufspritzen.
Zum Schluss aus 100 g Fondant ein schönes Herz formen und auf die Torte legen.

Die Torte hält gekühlt ca. 4 Tage.

Wenn die Buttercreme etwas klumpig wird, einfach den Tipp auf Seite 45 befolgen!

Schmeckt auch lecker mit Kirschkonfitüre!

→ Tipp ←

Die Schokoladenböden können gut einen Tag zuvor gebacken werden. Dann sind sie vollständig ausgekühlt und können gut verarbeitet werden.

Die Biskuitböden mit je einer Schicht Creme dazwischen übereinander setzen. Die restliche Creme mit einer Palette seitlich und oben dünn auf die Torte streichen.

Die Torten ca. 1 Stunde kühlen, aus den Ringen lösen und rundum mit Creme bestreichen, so dass die Oberfläche ringsum schön glatt und gleichmäßig ist.

Roten Fondant durchkneten. Für die große Torte etwa 2/3 des Fondants ca. 4 mm dünn ausrollen. Einen Kreis von etwa 45 cm Durchmesser ausschneiden und mithilfe des Ausrollstabes über die Torte legen.

Den Fondant zuerst oben – idealerweise mit einem Fondantglätter –, dann mit den Handflächen von der Mitte über den Rand nach unten vorsichtig glatt streichen und festdrücken.

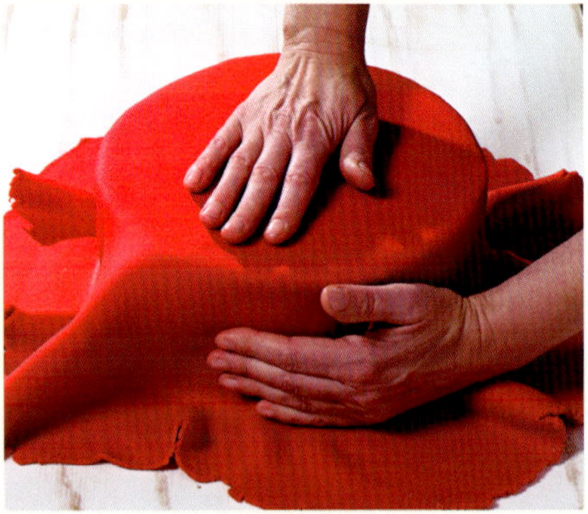

Zuletzt auch die Seiten schön glätten, dabei die Falten vorsichtig herausstreichen und den Fondant festdrücken. Den überlappenden Fondant mit einem Messer entlang der unteren Kante abschneiden.

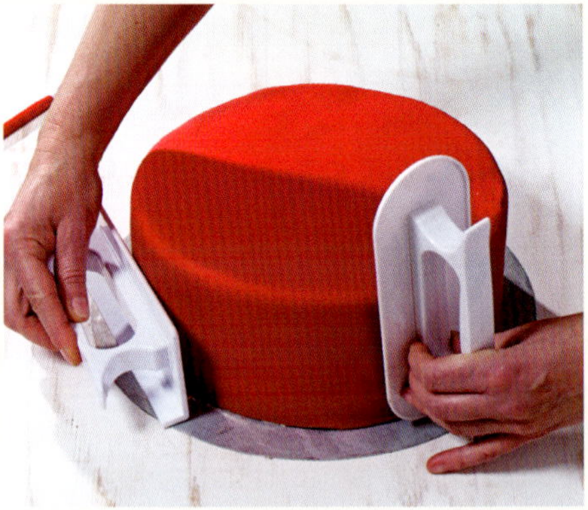

Die Torte mit Fondant-Glättern rundum glatt und gerade drücken. Aus dem roten Fondant für die kleine Torte einen Kreis von 35 cm Durchmesser zuschneiden und diese auf die gleiche Weise überziehen.

Für das Dekor der kleinen Torte weißen Fondant ca. 1,5 mm dünn ausrollen und mit Hilfe des kleinen runden Ausstechers kleine Ellipsen ausstechen.

Auf dem Fondant fünf Bögen markieren. Diese dünn mit Wasser befeuchten und die ausgestochenen Ellipsen dicht an dicht darauf kleben. An das Ende jedes Bogens jeweils eine kleine weiße Fondant-Kugel setzen.

Für das Herz ca. 100 g weißen Fondant zu einer Kugel formen. Etwas flach drücken und das untere Ende spitz ausformen. In das stumpfe Ende eine Kerbe schneiden. Etwas nachmodellieren und mittig auf die Torte legen.

Für das Dekor der großen Torte weißen Fondant ca. 1,5 mm dünn ausrollen und mithilfe des großen runden Ausstechers Bögen ausstechen. Diese mit sehr wenig Wasser entlang des oberen Randes auf die Torte kleben.

Die beiden dekorierten Tortenteile aufeinander setzen und auf eine festliche Tortenplatte stellen. Festes Icing in einen Spritzbeutel mit kleiner Lochtülle füllen und entlang der jeweils unteren Tortenränder einen Tupfenrand spritzen.

Auf die Enden der großen Bögen mit einem Hauch Wasser kleine Fondantkugeln kleben.

Tricks & Kniffe

Farbe: Das fertig angerührte Royal Icing kann man in mehrere Portionen teilen und mit Lebensmittelfarbe einfärben. Besonders gut geeignet ist Farbpulver, das sich schön gleichmäßig verteilen lässt. Verwenden Sie dafür am besten eine Mini-Winkelpalette und arbeiten Sie das Farbpulver gleichmäßig unter.

Konsistenz: Für die richtige Konsistenz wird tropfenweise – das ist wichtig, die Konsistenz verändert sich sehr schnell – Wasser zugegeben und mit der Palette verspachtelt. Falls das Icing zu dünnflüssig ist, können Sie etwas mehr Icing-Pulver oder auch Puderzucker einarbeiten, um es anzudicken.

Festes Icing: Zum Umranden und Schreiben muss das Icing eine relativ feste Konsistenz haben. Es sollte so fest sein, dass ein dünner Strich nicht verläuft, aber auch weich genug, damit man damit gut schreiben kann.

Halbfestes Icing: Für Punkte darf das Icing etwas flüssiger sein. Ein Klecks sollte eine glatte Oberfläche bekommen, dabei aber nicht breit verlaufen.

Flüssiges Icing: Zum Füllen verwendet man fast flüssiges Icing, das schön gleichmäßig auf der Fläche fließt. Dabei jedoch nicht zu viel Icing einsetzen, damit es nicht über die Konturen läuft.

Übrigens

Royal Icing ist eine Glasur auf Eiweißbasis, die sich perfekt eignet zum Spritzen von Dekorationen, Kleben von Gebäckteilen, Schablonieren mit Dekorschablonen, Formen von Blättern und Blüten oder anderen Elementen!

Besonders praktisch: Man kann bereits fertiges Pulver kaufen, das nur noch mit Wasser angerührt werden muss!

ROYAL ICING

Schmetterlingsflügel auf Papier vorzeichnen. Sie können die Schmetterlinge abpausen, ausdrucken oder eine Ausstechform als Vorlage verwenden. Über die Papiervorlage eine durchsichtige Aktenfolie legen.

Die Konturen der Flügel mit festem Icing nachziehen und kurz trocknen lassen. Mit flüssigem Icing zuerst die oberen Flügel füllen. Wenn das Icing eine Haut bekommen hat, auch die unteren Flügel füllen und alles ca. 12 Stunden trocknen lassen. Auf die getrockneten Flügel mit halbfestem Icing kleine Pünktchen setzen und wieder trocknen lassen.

Zum Fertigstellen der Schmetterlinge eine Pappe ziehharmonikaförmig falten. Aus Backpapier 8 cm breite Streifen jeweils so lang wie die Pappe schneiden. In der Mitte falten und die Streifen in die Pappe legen. Jeweils einen Tupfen festes Icing in den Falz spritzen und die Flügel darauf setzen. Zwischen die Flügel mit festem Icing den Körper spritzen und für den Kopf eine Zuckerperle in das Icing drücken. Schmetterlinge nochmals ca. 8 Stunden trocknen lassen.

Die fertigen Schmetterlinge kann man trocken gelagert mehrere Monate aufbewahren und nach Bedarf mit Icing oder Buttercreme auf Gebäck setzen.

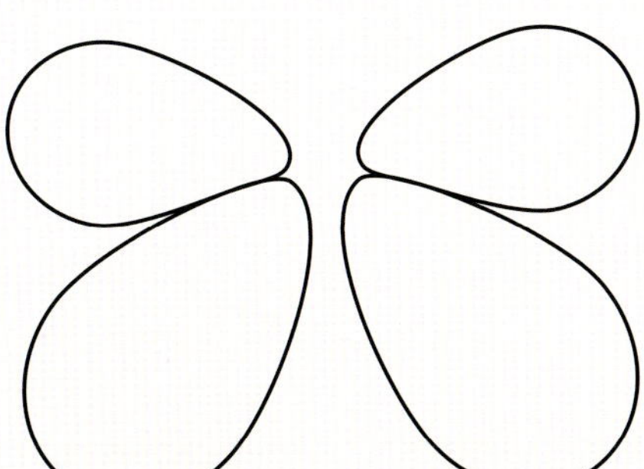

Zeichenvorlage

ICING SCHMETTERLINGE

FONDANT STEMPELN

Lebensmittelfarbpulver in etwas Wasser auflösen und auf einen flachen Teller geben. Den Fondant mit einem Ausrollstab auf einer Antihaft Ausrollmatte ca. 2 mm dünn ausrollen. Stempel in die Farbe drücken und damit auf den ausgerollten Fondant stempeln. Wenn Sie vorher etwas üben möchten, probieren Sie das Stempeln einfach auf Papier aus.

Die gestempelten Motive mit einem passenden Ausstecher ausstechen und z. B. auf einer Silikonmatte trocknen lassen.

Die bestempelten Plättchen halten sich gut durchgetrocknet und luftdicht verpackt mehrere Monate.

FONDANT-RÖSCHEN MIT ICING-BLATT

Für das Röschen ein wenig rosa Fondant ca. 1 mm dünn ausrollen. Einen Streifen von ca. 16 × 4 cm zurechtschneiden und in der Mitte längs falten.

Den Streifen mit der offenen Kante nach unten zu einer Rose aufrollen.

Die fertig aufgerollte Rose unten vorsichtig gerade abschneiden und auf das vorbereitete Gebäck setzen. Je nach Untergrund (hier eine Fondanthaube) ganz wenig Wasser zum Festkleben verwenden. Gut trocknen lassen.

Das Royal Icing mit Lebensmittelfarbpulver grün einfärben. Das Icing sollte sehr fest und ganz frisch sein. Icing in einen Spritzbeutel mit Blatttülle füllen und Blätter um die Röschen spritzen. Trocknen lassen.

Schneemann & Schneeflocken aus Fondant

Für den Schneemann benötigt man
· 40 g Rollfondant Weiß
· 5 g Rollfondant Schwarz
· etwas roten Rollfondant für die Nase
· 1 EL Zucker

Aus dem weißen Fondant eine große und eine kleine Kugel formen. Die Kugeln dünn mit Wasser bepinseln, in Zucker wälzen und trocknen lassen.

Für den Hut den schwarzen Fondant zuerst etwa 5 mm dünn ausrollen und mit einer Lochtülle einen Zylinder mit ca. 5 mm Durchmesser ausstechen. Den Fondant dann dünner ausrollen (ca. 1 mm) und mit einer Lochtülle einen Kreis mit ca. 9 mm Durchmesser ausstechen. Den Zylinder mit wenig Wasser auf den Kreis kleben. Zwei schwarze Kügelchen für die Augen rollen und aus dem roten Fondant eine Nase formen. Den Schneemann mit sehr wenig Wasser zusammensetzen und einige Stunden trocknen lassen.

Für die Schneeflocken den Fondant ca. 1,5 mm dünn ausrollen. Mit Fondantausstechern die Schneeflocken ausstechen und auf einer Silikonmatte oder Aktenfolie ca. 8–12 Stunden trocknen lassen.

Trocken gelagert halten sich die süßen Flocken mehrere Monate und sehen im Winter auf vielen Torten, CupCakes und Plätzchen sehr hübsch aus.

SÜẞE FONDANT-KRABBELTIERE

Die Tiere kann man auch gut aus Marzipan herstellen.
Dann sind sie zwar nicht so farbenfroh,
schmecken aber sehr lecker!

Für die Raupe benötigt man
- 30 g Rollfondant Grün
- einige rote Nonpareilles
- 2 Zuckeraugen
- 1 schwarze Zuckerperle

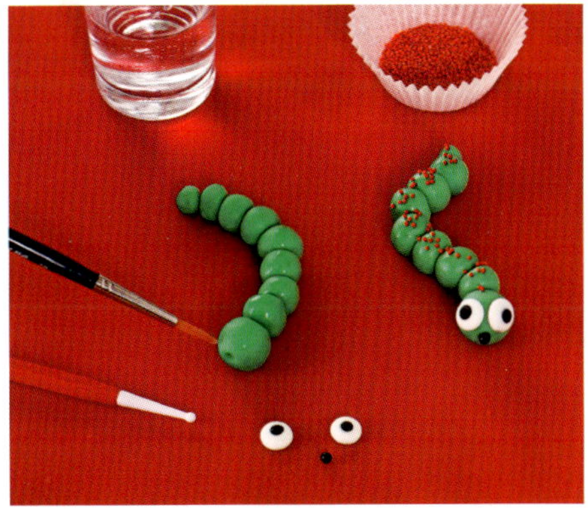

Den Fondant zu einer nach einer Seite hin dünner werdenden Rolle formen und in 9 Teile schneiden. Die einzelnen Teile zu Kugeln rollen und mit nur sehr wenig Wasser zusammenkleben. Die Augen und die schwarze Zuckerperle als Nase ebenfalls mit wenig Wasser ankleben.

Die Raupe dünn mit Wasser bepinseln, mit Nonpareilles bestreuen, diese leicht festdrücken und einige Stunden trocknen lassen.

Für die Biene benötigt man
- 8 g Rollfondant Schwarz
- 12 g Rollfondant Gelb
- 1/4 Blatt Gelatine
- 2 Zuckeraugen

Aus der Blattgelatine 2 Flügel ausschneiden. Den gelben Fondant zu 4 Kugeln formen – von groß bis klein. Aus dem schwarzen Fondant 3 Kugeln und ein kleines Kügelchen für die Nase formen. Die Kugeln etwas flach drücken und mit nur sehr wenig Wasser abwechselnd so zusammenfügen, dass die Biene ihr typisches schwarz-gelbes Muster bekommt. Mit dem Modellierwerkzeug zwei Schlitze in die zweite gelbe Kugel schneiden und die Gelatine-Flügel hineinstecken. Augen und Nase mit wenig Wasser festkleben und einige Stunden trocknen lassen.

Für den Marienkäfer benötigt man
- 25 g Rollfondant Rot
- 5 g Rollfondant Schwarz
- 2 schwarze Zuckerperlen

Aus dem roten Fondant ein kleines Kügelchen für die Nase rollen, den Rest zu einer Kugel rollen. Diese etwas länglich formen, leicht flach drücken und mit dem Modellierwerkzeug in die Mitte einen Spalt hineindrücken. Für die Tupfen aus dem schwarzen Fondant 6 Minikugeln rollen, flach drücken und als Punkte mit wenig Wasser auf den Käfer kleben. Für den Kopf eine etwas größere Kugel formen und mit wenig Wasser befestigen. Zum Schluss noch schwarze Äuglein formen und zusammen mit der Nase ankleben. Den Marienkäfer einige Stunden trocknen lassen.

MOHNBLÜTE AUS FONDANT

Für die Mohnblüte benötigt man
- 50 g Rollfondant Rot
- 2 g Rollfondant Schwarz
- 1/2 Teelöffel schwarze Zuckerperlen

Als Unterlage einen Teller oder ein kleines Blech ca. 2 cm hoch mit Zucker ausstreuen und mit Klarsichtfolie überziehen. Roten Fondant ca. 1,5 mm dünn ausrollen und Kreise mit 3 cm Durchmesser ausstechen. Mit dem gewölbten Werkzeugkopf des Modellierwerkzeugs den Rand der Kreise mit etwas Druck und streichenden Bewegungen ausdünnen und modellieren.

Kein Feuer brennt wie roter Mohn,
wenn Strahlen ihn durchfluten,
es ist des Himmels schönster Lohn
und zeigt die Kraft des Guten.

So zart und fein er scheinen mag,
er trotzt selbst starken Winden,
steigt aus der Erde Krume auf,
um hier sein Glück zu finden.
(Klaus Ender)

Dicht nebeneinander 4 Blätter in die Zuckerunterlage legen, darauf leicht versetzt nochmals 4 weitere.

Das Zentrum der Mohnblüte mit der kugeligen Seite des Modellierwerkzeugs gut zusammendrücken.

Aus etwas schwarzem Fondant eine Kugel mit ca. 1 cm Durchmesser formen und in die Mitte der Blüte drücken. Dünn mit etwas Wasser bepinseln.

Schwarze Zuckerperlen dicht an dicht auf die schwarze Fondantkugel drücken. Die Mohnblüte über Nacht trocknen lassen.

Den Backring auf ein Stück Backpapier stellen. Das Papier sollte einige Zentimeter größer sein als der Durchmesser des Ringes.

Eine lange Seite des Papiers am Backring bis knapp unter den Rand hochschlagen und festhalten. Mit der anderen Hand das Backpapier von einer Seite her immer wieder schräg zum Backring hin falten, so dass es eng anliegt.

Das Backpapier dabei gut andrücken, so dass sich die Faltung nicht wieder öffnet. So bis zur gegenüberliegenden Seite arbeiten.

Dann auch von der anderen Seite her das Backpapier an den Ring falten, so dass am Ende ein Dreieck entsteht.

Dieses Dreieck von beiden Seiten her noch enger falten.

Dann die Spitze des Dreiecks zum Backring hin falten. Dabei die Falten sehr gut feststreichen, damit sich das Backpapier nicht wieder öffnet.

Am Ende hält das Backpapier wie ein Boden am Backring. Sollten die Falten nicht halten, können Sie sie mit Büroklammern aus Metall fixieren.

Backringe gibt es in vielen verschiedenen Größen und sie eignen sich hervorragend zum Backen von Kuchen mit ungewöhnlichen Formaten.

Außerdem sind sie platzsparender als große Backformen und können auch als Dessert- und Speiseringe verwendet werden.

Plätzchen-Stempel (1)

Gibt es in zwei Größen und mit verschiedenen Motiven. Praktisch mit Holzgriff und abnehmbarer Silikonstempelfläche.

Velvet Rollfondant (2)

Eine geschmeidige Zuckermasse, die vor allem zur Dekoration von Torten, CupCakes und anderem Gebäck dient.

Lebensmittelstifte (3)

Zum kinderleichten Dekorieren für Ihre essbaren Kunstwerke.

Mr & Mrs Glaze Kelly (4)

Fondant-Glätter der mühelos große Flächen von Fondant oder Marzipan glättet. Mit abgerundeter Form oder eckigen Kanten.

Ausstechformen-Set (5)

3-teilig, mit Auswerfer. Zum einfachen Formen und Prägen von Fondant, Marzipan und Blütenpaste.

Antihaft Ausrollstab (6)

Zum einfachen Ausrollen von Flächen wie Fondant, Marzipan oder Teig.

CrinkleCups (7)

Dekorative Papierbackförmchen aus fettabweisenden Papier, in denen Sie backen und präsentieren können.

Praktische Helfer

Schablonen-Set für Gebäck (8)

Schablonen mit Haltegriff, zur mühelosen Handhabung. Inkl. Ausstechform(en).

Deko-Stylist (9)

Mini-Winkelpalette, zum Verstreichen von Icing oder Cremes auf Gebäck aller Art.

Modellierwerkzeug-Set (10)

Für simples Modellieren oder Formen von Blüten, Blättern oder anderen Dekorationen mit Fondant oder Marzipan.

Antihaft Ausrollmatte (11)

Aus Silikon, zum einfachen Ausrollen und Lösen von Fondant, Marzipan oder Teig.

Back- und Speiseringe (12)

Zum Ausstechen von Teig, Anrichten von Speisen und für Backen ohne Boden geeignet.

Royal Icing (13)

Oder auch Eiweißspritzglasur; eignet sich perfekt zum Spritzen von Dekorationen, Kleben von Gebäckteilen, Schablonieren mit Dekorschablonen, Formen von Blättern und Blüten oder anderen Elementen.

Hebebodenform (14)

Mit Emaille-Beschichtung. Für einfaches und sicheres Auslösen des Backgutes.

Prägematte (15)

Aus Silikon, zum Prägen von Fondant, Marzipan und Plätzchenteig.

Produkt	Artikelnummer
Antihaft Ausrollmatte	254 138
Auskühlgitter	430 976
Ausrollstab, 15 cm	443 136
Ausrollstab, 40 cm	443 143
Ausstechform Bonbon	193 390
Ausstechform Eiffelturm	190 610
Ausstechform Herz ⌀ 6,5 cm	195 073
Ausstechform Kreis ⌀ 2,5 cm	143 234
Ausstechform Kreis ⌀ 3 cm	143 241
Ausstechform Kreis ⌀ 5 cm	143 289
Ausstechform Kreis ⌀ 8 cm	143 333
Ausstechform Kreis ⌀ 9 cm	143 340
Ausstechform Kreis ⌀ 10 cm	143 357
Ausstechform Kreis, gerippt ⌀ 5 cm	143 197
Ausstechform Kreis, gerippt ⌀ 8 cm	196 841
Ausstechform Silhouette	196 742
Ausstechformen-Set *Iris*	160 453
Ausstechformen-Set *Lilie*	160 446
Ausstechformen-Set *Ornament*	160 477
Ausstechformen-Set *Schneeflocke*	160 460
Ausstechformen-Set Dreieck, gerippt	130 227
Ausstechformen-Set Quadrate, gerippt	130 388
Back- und Ausrollmatte	428 997
Back- und Speisering ⌀ 12 cm	143 838
Back- und Speisering ⌀ 16 cm	143 821

Produkt	Artikelnummer
Back- und Speisering ⌀ 18 cm	143 814
Back- und Speisering ⌀ 20 cm	143 807
Backtrennspray	540 309
Brilliant Bloom Blütenpaste	504 349
Brilliant Bloom Pad	443 167
CrinkleCups	442 238
CupCake-Form	250 543
CupCake Deco-Set *Mint*	441 019
CupCake Deco-Set *Schoko-Rosé*	441 002
CupCake-Förmchen *Fresh Blue*	441 965
CupCake-Förmchen *La belle Rose*	441 033
CupCake Schürzen *Vogel*	441 149
Deko-Füller	430 914
Deko-Stylist	420 243
Glashaube S ⌀ 9 cm	441 439
Glashaube M ⌀ 22 cm	441 446
Glashaube L ⌀ 29 cm	441 453
Hebebodenform ⌀ 26 cm	880 924
Hebebodenform ⌀ 28 cm	880 931
Lebensmittelfarbpulver Blau	503 021
Lebensmittelfarbpulver Braun	503 069
Lebensmittelfarbpulver Gelb	503 038
Lebensmittelfarbpulver Gold	503 267
Lebensmittelfarbpulver Granita	503 250
Lebensmittelfarbpulver Grün	503 045
Lebensmittelfarbpulver Lila	503 243
Lebensmittelfarbpulver Orange	503 076
Lebensmittelfarbpulver Rosa	503 236
Lebensmittelfarbpulver Rot	503 014

GLOSSAR

Produkt	Artikelnummer
Lebensmittelfarbpulver Schwarz	503 083
Lebensmittelfarbpulver Silber	503 274
Lebensmittelstifte	504 226
Lochtülle Ø 5 mm	410 640
Lochtülle Ø 9 mm	410 664
Lochtülle Ø 11 mm	410 671
Mini-Dekorations-Set	410 015
Metall Tortenplatte S Ø 10 cm	430 983
Metall Tortenplatte M Ø 23 cm	430 990
Metall Tortenplatte L Ø 30 cm	431 003
Modellierwerkzeug-Set	443 150
Mr Glaze Kelly	443 181
Mrs Glaze Kelly	443 174
Muffin-Backform	231 016
Muffin-Förmchen *La vie en rose*	441 774
Palette, 33 cm	429 185
Palette, 38 cm	429 192
Plätzchen-Stempel *Glückskeks*	340 190
Plätzchen-Stempel, mini *Kleeblatt*	340 343
Plätzchen-Stempel, mini *Marienkäfer*	340 336
Prägematte *Blütenranke*	254 091
Prägematte *Lovely Hearts*	254 084
Royal Icing	504 233
Schablonen-Set für Gebäck *Ganzjahr*	146 037
Schablonen-Set für Gebäck *Winterdorf*	146 006
Spritzbeutel-Set	410 763

Produkt	Artikelnummer
Sterntülle Ø 9 mm	410 558
Sterntülle Ø 11 mm	410 565
Teigstäbe	430 938
Tortenheber	441 484
Tortenplatte Vintage S Ø 10 cm	441 408
Tortenplatte Vintage M Ø 23 cm	441 415
Tortenplatte Vintage L Ø 30 cm	441 422
Tortenring, verstellbar	431 072
Tortenschablonen-Set *Mandala*	450 288
Tortenschneider	420 212
Tortenunterlage	430 655
Velvet Rollfondant Blau	504 271
Velvet Rollfondant Gelb	504 264
Velvet Rollfondant Grün	504 318
Velvet Rollfondant Pink	504 288
Velvet Rollfondant Rosa	504 301
Velvet Rollfondant Rot	504 295
Velvet Rollfondant Schwarz	504 257
Velvet Rollfondant Weiß	504 240
Winkelpalette	429 208
Zucker-Dekore Champagner	504 035
Zucker-Dekore Liebe	504 110
Zucker-Dekore Brombeer	504 042

Impressum

Herausgeber RBV Birkmann GmbH & Co. KG
33790 Halle/Westfalen

E-Mail info@birkmann.de
URL www.birkmann.de

Rezeptentwicklung & Foodstyling Christine Bergmayer

Text Stefanie Oestreich
Claudia Salata, Franckh-Kosmos Verlags-GmbH & Co. KG

Fotos Janine Kromminga

Gestaltungskonzept & Layout Katharina Kollmeier

Satz mk mediakonzept

ISBN 978-3-9815279-4-0

Bei Fragen zu Zutaten, Zubereitung und Produkten stehen wir Ihnen gern unter info@birkmann.de zur Verfügung.

Noch mehr kreative Backideen

Jeder kann CupCakes backen!

Der CupCake, das kleine Pendant zur Torte, ist süß und unwiderstehlich. Und seine Zubereitung viel unkomplizierter, als sein Aussehen vermuten lässt! Entdecken Sie typische CupCake-Rezepte und neu interpretierte Tortenklassiker.

64 Seiten, Hardcover mit Leinenrücken
€ 9,95 [D]
ISBN 978-3-9807-1026-8

Jeder kann CakePops backen!

CakePops, die köstlichen kleinen Kuchenlollis, sind derzeit in aller Munde! Ob Limetten-Lolli, Kokos-Kuss, Lebkuchenstern oder Honigbär – von edel bis witzig finden Sie in diesem Buch stets das richtige Rezept.

76 Seiten, Hardcover mit Leinenrücken
€ 9,95 [D]
ISBN 978-3-98152793-3

Jeder kann Macarons backen!

Macarons: sie sind klein, sie sind süß, sie sind bunt und sie machen süchtig. Wir zeigen Ihnen, wie einfach und kreativ die Herstellung dieses eleganten Kaffeegebäcks sein kann.

72 Seiten, Hardcover mit Leinenrücken
€ 9,95 [D]
ISBN 978-3-98152790-2

CAKE
COUTURE